Nick Vujicic

**Personal Trainer für ein
unverschämt gutes Leben**

Nick Vujicic

Personal Trainer
für ein unverschämt gutes Leben

BRUNNEN
Verlag Giessen · Basel

Videoclip auf:
http://www.youtube.com/
watch?v=HBbhuRu5Dso

MIX
Papier aus verantwor-
tungsvollen Quellen
FSC® C006701

© 2012 Brunnen Verlag Gießen
www.brunnen-verlag.de
Konzept und Redaktion: Petra Hahn-Lütjen
Teil Personal Trainer erschien im Original als Anhang „Personal
Action Plan" in der Taschenbuchausgabe von „Life Without
Limits. Inspirations for a Ridiculously Good Life" bei
Waterbrook/Random House, Inc.
© Nicholas James Vujicic 2011
Umschlagfoto: Aaron Hallstrom
Innenfotos: Simon Weiler (S. 8), privat
Umschlaggestaltung: Sabine Schweda
Satz: Brunnen Verlag Gießen
Herstellung: CPI – Ebner und Spiegel, Ulm
ISBN 978-3-7655-4180-3

Inhalt

Nick Vujicic – persönlich erlebt

„Warum soll ich drumherum reden: Natürlich ist es krass, Nick das erste Mal zu treffen.

Aber noch viel krasser und umso beeindruckender ist es, Nick zu erleben! Er ist zu hundert Prozent das, was er in diesem Buch schreibt. Und wer sich von Nick inspirieren lässt, legt dieses Buch mit neuem Lebensmut aus der Hand!“

Tim Niedernolte, TV-Moderator

„Nick ist mein Held, weil er mir Tipps gegeben hat, wie ich weiter glücklich leben kann. Auch ohne Beine. Er hat mich motiviert, meine Träume zu verwirklichen."

Theo Garthe, Schüler, 8 Jahre,
leidenschaftlicher Motocross-Fahrer (Quad)

Nick Vujicic – die Geschichte

Das Baby ist da! Vor Schock und Verzweiflung schwinden seinem Vater die Kräfte. Fassungslos sackt er in sich zusammen. Sprachlosigkeit. Auch die Mutter erträgt den Anblick des Neugeborenen nicht. „Nehmen Sie ihn weg", sagte sie. „Ich will ihn nicht anfassen. Ich will ihn nicht sehen." Die Krankenschwestern und die Hebamme weinen.

Ein perfekter Start ins Leben sieht anders aus. Ganz anders.

Ohne Arme und Beine, nur mit Kopf und Rumpf, erblickt Nicholas Vujicic im Dezember 1982 in Australien das Licht der Welt. Und damit beginnt für ihn und seine Eltern das Elend – könnte man meinen. Aber die Geschichte nimmt einen anderen Lauf. Einen ganz anderen.

Hoppla, hier kommt Nick!

Ich heiße Nick Vujicic (ausgesprochen Wu-ji-tschitsch). Von Geburt an fehlen mir Arme und Beine, aber ich lasse mich davon nicht behindern. Ich reise um die Welt und spreche Millionen von Menschen Mut zu, wie sie ihre eigenen Schwierigkeiten überwinden können und ihre Träume verwirklichen.

Was ich damit bezwecke? Ich will die Leute, die meine Geschichte hören und lesen, ermutigen, ihre eigenen Herausforderungen zu meistern. Ihre ganz persönliche Bestimmung zu finden. Denn das gilt für jeden Menschen: Auf dich wartet ein unverschämt gutes Leben!

Meine Eltern sind gläubig, aber als ich ohne Arme und Beine auf die Welt kam, fragten sie sich ernsthaft, was Gott sich dabei gedacht hatte. Für mich gab es in ihren Augen doch keine Zukunft! Wie sollte ich je ein normales oder gar produktives Leben führen?

Wenn ich es heute betrachte, hat mein Leben letzten Endes alle unsere Erwartungen bei Weitem übertroffen. Jeden Tag nehmen wildfremde Menschen über Telefon, E-Mail, Brief oder Twitter Kontakt zu mir auf. Sie kommen in Flughäfen, Hotels und Restaurants auf mich zu, umarmen mich und sagen mir, dass ich ihr Leben berührt habe. Ich bin wahrlich gesegnet. Ich bin unverschämt gut dran!

Eins hatten meine Familie und ich nämlich übersehen: Meine Behinderung – mein „Fluch" – konnte genauso ein Segen sein. Ich kann auf eine ganz spezielle Weise andere Menschen erreichen, mich in sie hineinfühlen, ihren Schmerz nachempfinden und ihnen Trost spenden.

Natürlich sind meine tagtäglichen Herausforderungen nicht ohne. Aber ich bin mit einer liebevollen Familie, einem schlauen Kopf und Gottvertrauen gesegnet. Bevor ich das alles jedoch verstanden hatte, musste ich einige fürchterliche Zeiten durchmachen. Das will ich nicht verschweigen.

Lebensmüde

Als ich in die Pubertät kam, in der jeder auf der Suche nach seinem Platz im Leben ist, bin ich an meinem Körper verzweifelt. Nach und nach dämmerte mir, ich würde nie „normal" sein. Jeder konnte es sofort sehen: Ich sah nicht so aus wie meine Klassenkameraden. Auch wenn ich mir alle Mühe gab, normale Dinge zu tun wie Schwimmen oder Skateboardfahren, wurde mir mit jedem Tag bewusster: Vieles würde ich einfach nie tun können.

Von anderen Kindern wurde ich als Monster und Außerirdischer beschimpft. Das hat nicht gerade geholfen. Letzten Endes bin ich einfach ein Mensch und wollte sein wie alle anderen auch. Aber meine Chancen standen verdammt schlecht. Ich wollte akzeptiert sein – und war es nicht. Ich wollte dazugehören – und durfte es nicht. Irgendwann stand ich vor einer Wand.

Eines Nachmittags kam ich von der Schule und bat meine Mom, mich in die Badewanne zu legen, damit ich mich durchwärmen konnte. „Kannst du die Tür zumachen?", fragte ich sie beim Hinausgehen. Dann tauchte ich mit den Ohren unter Wasser. In der Stille wälzten sich mir schwere Gedanken durch den Kopf. Ich hatte alles vorausgeplant.

Wenn Gott mir nicht helfen will und mein Leben keinen Sinn hat … Wenn ich immer nur anders und einsam sein soll … die ewige Last und ohne Zukunft … dann bringe ich es hier und jetzt zu Ende.

Ich kann auf dem Rücken im Wasser liegen, wenn ich die Luft anhalte. Nun versuchte ich abzuschätzen, wie sehr ich ausatmen musste, bevor ich mich auf den Bauch drehte. Soll ich die Luft anhalten und mich umdrehen? Soll ich tief einatmen oder nur flach? Oder einfach kräftig ausatmen und dann los?

Irgendwann machte ich einfach eine Seitwärtsrolle und brachte das Gesicht unter Wasser. Instinktiv hielt ich die Luft an. Weil ich gute Lungen habe, blieb mein Körper an der Wasseroberfläche. Ich harrte aus.

Als mir die Luft ausging, drehte ich mich zurück.

Ich kann das nicht.

Die düsteren Gedanken pochten aber weiter: Ich will nicht mehr. Ich will einfach nur weg sein.

Also atmete ich fast völlig aus und rollte zurück auf den Bauch. Mindestens zehn Sekunden konnte ich die Luft anhalten, das wusste ich. Ich zählte rückwärts. 10 … 9 … 8 … 7 … 6 … 5 … 4 … 3 …

Plötzlich schoss mir ein Bild durch den Kopf. Mom und Dad standen weinend an meinem Grab. Mein siebenjähriger Bruder Aaron stand daneben und weinte auch. Allen flossen die Tränen und ich hörte, wie sie schluchzend sagten, dass es ihr Fehler gewesen sei. Wenn sie doch nur mehr für mich getan hätten.

Der Gedanke war nicht zu ertragen. Ich konnte ihnen meinen Tod nicht aufbürden. Egoist.

Mit einem Ruck drehte ich mich wieder um und atmete tief ein. Ich konnte es nicht. Ich konnte meine Familie nicht mit diesem Verlust und derartigen Schuldgefühlen belasten.

Der Schmerz blieb. Er war unerträglich. Abends im Bett sagte ich zu Aaron, „Ich werde Selbstmord begehen, wenn ich einundzwanzig bin."

Mit letzter Kraft wollte ich die Schule und vielleicht noch das Studium durchstehen, aber darüber hinaus sah ich keine Zukunft. Ich konnte mir nicht vorstellen, einen Beruf zu finden oder zu heiraten. Welche Frau würde so jemanden wie mich wollen? Einundzwanzig war das Ende

meiner Fahnenstange. In meinem Alter klang das natürlich auch noch sehr weit weg.

„Das sage ich Dad", antwortete mein kleiner Bruder.

Ich verbot es ihm und schloss die Augen. Das Nächste, was ich spürte, war das Gewicht meines Vaters, der sich auf mein Bett setzte.

„Was habe ich da gehört? Du willst Selbstmord begehen?", fragte er. Mit warmer, weicher Stimme sprach er mit mir über alles, was mich im Leben noch Gutes erwartete. Dabei fuhr er mir mit den Fingern durch die Haare. Ich mochte es, wenn er das tat.

„Wir sind immer für dich da, mein Kleiner", versicherte er mir. „Alles wird gut. Ich verspreche dir, ich bin immer da, wenn du mich brauchst. Es wird alles gut, Nick."

Manchmal genügen eine liebevolle Berührung und ein fürsorglicher Blick, um ein aufgewühltes und ängstliches Kind zu beruhigen. Dass mein Vater mir versicherte, alles würde gut werden, reichte für mich in diesem Moment. Seine beruhigende Stimme und das Streicheln überzeugten mich davon, dass er schon einen Weg für mich finden würde. Jeder Sohn möchte seinem Vater vertrauen, und meiner setzte an diesem Abend für mich einen Anker, an dem ich festhalten konnte. Es gibt nichts Besseres als das Versprechen eines Vaters! Mein Dad war gut darin, seine Liebe und Unterstützung auszudrücken. Ich wusste zwar noch immer nicht, wie mein Leben gelingen sollte, aber weil mein Dad davon überzeugt war, war ich es nun auch.

Nach unserem kleinen Gespräch schlief ich tief und fest. Ab und zu hatte ich natürlich noch schlechte Tage und schlimme Nächte. Aber ich vertraute meinen Eltern, bis ich selbst zu erahnen begann, wie mein Leben sich entwickeln könnte. Zweifel gab es immer noch genug und ich hatte auch Phasen mit großer Angst, aber einen Tiefpunkt wie an jenem Abend gab es nicht noch mal. Auch heute bin ich wie jeder Mensch mal gut, mal weniger gut drauf, aber Selbstmord ist nie wieder eine Option für mich gewesen.

Wenn ich an den Abend zurückdenke und meine Entwicklung danach Revue passieren lasse, kann ich Gott und meinem Vater nur dankbar sein, dass sie mich durch den Tunnel getragen haben und mir geholfen haben, meine Möglichkeiten zu entdecken.

Der Motivationskünstler Norman Vincent Peale schrieb einmal: „Werde zum *Possibilitaristen*. Egal wie düster dein Leben aussieht, schau nach oben und sieh die Möglichkeiten. Halte sie immer im Blick, denn sie sind immer da."

Und ich sage heute: Das stimmt.

Wenn kein Wunder passiert, sei selbst eins!

Meine Vorträge in vierundzwanzig Ländern der Erde, die DVDs und Millionen Klicks auf die YouTube-Videos zeigen mir: Meine Botschaft der Hoffnung hat schon viele Leute erreicht. Was hätte ich alles verpasst, wenn ich mir mit zehn Jahren das Leben genommen hätte! Zum Beispiel die außergewöhnliche Chance, meine Geschichte vor mehr als hundertzwanzigtausend Menschen in Indien, weiteren achtzehntausend in einer Stierkampfarena in Kolumbien und neuntausend Menschen während eines Gewitters in der Ukraine zu erzählen.

Nach und nach ist mir klar geworden: Ich habe mir an jenem rabenschwarzen Abend nicht das Leben genommen – Gott hat es getan. Er hat mein Leben in die Hand genommen und mehr daraus gemacht, als ein Zehnjähriger sich erträumen kann. Deswegen: Mach niemals den Fehler, den ich beinahe gemacht hätte.

Angenommen, ich wäre 1993 mit dem Gesicht nach unten im fünfzehn Zentimeter tiefen Wasser geblieben. Mein innerer Schmerz wäre verstummt, ja, aber zu welchem Preis? Dem verzweifelten Kind in der Badewanne fehlte die Vorstellungskraft, als junger Mann an der Küste Hawaiis mit großen Meeresschildkröten zu schwimmen, in Kalifornien zu surfen oder in Kolumbien auf Tauchgang zu gehen. Und noch viel wichtiger als diese Abenteuer sind all die Menschen, die ich nicht berührt hätte, wenn …

Ich bin nur ein winziges Exempel. Alle großen Helden wie Mutter Teresa, Mahatma Gandhi oder Martin Luther King wurden mit großen Herausforderungen konfrontiert – Gefängnis, Gewalt oder sogar Todesdrohungen –, hielten aber an der Machbarkeit ihrer Träume fest. Wenn dich also negative Gedanken und eine düstere Stimmung

Das bin ich 2009 mit meinen Eltern Dushka und Boris.

niedermachen wollen, vergiss nicht: Man hat immer eine Wahl. Hilfe ist nie unerreichbar. Nutze deine Fantasie, um dir Zeiten vorzustellen, die besser sind. Und dann plane Schritte, sie zu realisieren.

Was mir selbst durch Höhen und Tiefen hilft, auch gegen Verzweiflung und Verbitterung?

Es sind vier Dinge, hinter denen ein und dieselbe Lebenshaltung steckt. Ich setze auf …

> eine dankbare Einstellung

> eine aktive Einstellung

> eine mitfühlende Einstellung

> eine vergebende Einstellung

Du kannst ja mal überlegen, wie sich das wohl praktisch zeigt!

Und wie viel ist mit Gottes Hilfe aus allem geworden? Wow! Wenn ich mir überlege, womit ich als Kind zu kämpfen hatte und wie mein Leben jetzt aussieht: Wer weiß, was für schöne Zeiten und große Errungenschaften noch vor dir liegen? Wer weiß, wie vielen Menschen wir gemeinsam helfen können? Bist du bereit, ein Wunder zu werden?

Keine Angst vor Spaß!

Als ich elf war, fuhren wir einmal nach Gold Coast an den Strand. Mom und Dad machten einen Strandspaziergang und ich ließ es mir im Sand gut gehen, beobachtete die Wellen und genoss die leichte Brise. Damit ich keinen Sonnenbrand bekam, hatte ich ein übergroßes T-Shirt an.

Eine junge Frau kam den Strand entlang. Als sie auf meiner Höhe war, lächelte sie mich an und sagte: „Nicht übel!"

„Was ist nicht übel?", fragte ich. Meinen riesigen Bizeps konnte sie nicht gemeint haben.

„Wie lange hast du gebraucht, um deine Beine so einzubuddeln?"

Sie dachte wohl, meine Beine wären irgendwo im Sand versteckt. Mir saß der Schalk im Nacken. Also spielte ich ihr Spiel mit.

„Ach, dafür habe ich eine Ewigkeit gebraucht", sagte ich.

Sie lachte und lief weiter. Ich wusste, dass sie sich einen zweiten Blick nicht verkneifen konnte und wartete. Und tatsächlich: In dem Moment, als sie sich noch einmal umdrehte, schoss ich aus dem Sand und hüpfte zum Wasser hinunter!

Sie schaute nur und sagte kein Wort, aber stolperte über ihre eigenen Füße.

Als Kind war ich manchmal auch wütend über solche Momente. Mit der Zeit entwickelte ich aber Geduld und Verständnis. Wie die Frau habe ich gelernt, dass hinter manchen Menschen mehr steckt, als man auf den ersten Blick sieht. Oder eben weniger.

... auch als Erwachsener!

Manchmal bin ich während der Workaholic-Phasen so aufgedreht, dass ich nur schwer zur Ruhe komme. Wir waren auf dem Weg nach Java und bestiegen gerade das

Flugzeug von Jakarta nach Semarang. Da spürte ich plötzlich, wie mich eine Welle der Energie überrollte.

Unsere Reisegruppe bestand aus fünf Leuten. Mein Caretaker Vaughan, ein großer, stämmiger und witziger Typ, gehörte auch dazu. Die Flugbegleiterinnen waren schwer beeindruckt von ihm und wir alberten mit ihnen herum. Wir durften als Erste ins Flugzeug, weil ich den Rollstuhl verlassen und zu meinem Sitz hopsen musste. Als ich mich so den Gang hinunterbewegte, Vaughan hinter mir, hatte ich auf einmal das Bedürfnis, etwas bestimmtes Verrücktes zu tun. Schon eine ganze Weile hatte ich mir vorgenommen, das einmal auszuprobieren.

„Hey Vaughan, schnell, bevor die anderen kommen – heb mich hoch und schau mal, ob ich ins Gepäckfach passe!"

Wir hatten schon häufiger Witze darüber gemacht. Vor ein paar Tagen hatte Vaughan mich in den metallenen Gitterkasten gelegt, mit dem man prüft, ob das Handgepäck aufgegeben werden muss. Ich passte ohne Probleme hinein und bekam deswegen den Spitznamen „Unser Köfferchen".

Die Gepäckablage war relativ hoch. Ich war mir nicht sicher, ob Vaughan meine knapp fünfunddreißig Kilo bis dahin stemmen konnte, aber er schaffte es mit Leichtigkeit. Er hob mich hoch und legte mich vorsichtig auf die Seite in das Fach, als wäre ich eine edle Tasche.

„Okay, mach schnell zu", raunte ich, „bevor die anderen Passagiere kommen."

Vaughan steckte mir noch ein Kissen unter den Kopf und drückte die Klappe zu. Nun lag ich im Dunkeln über den Sitzreihen. Die Flugbegleiterinnen hatten mitbekommen, was wir vorhatten, und konnten sich das Lachen kaum verkneifen. Wir kicherten wie Kinder und ich hatte schon Sorge, dass wir auffliegen würden. Aber die anderen Passagiere verteilten sich nichtsahnend im Flugzeug.

Meine Leute und die Crew im Flugzeug konnten kaum noch an sich halten, als ein älterer Mann auf mein Fach zusteuerte und nach oben griff, um seine Tasche darin zu verstauen. Er öffnete die Klappe – und sprang vor Schreck fast durch die Flugzeugdecke.

Ich steckte den Kopf aus dem Gepäckfach. „Sie hätten ja mal anklopfen können!"

Zum Glück verstand der Mann Spaß und wir konnten uns alle eine Runde schieflachen. Danach musste ich im Handgepäckfach bleiben und ein paar Hundert Fotos mit ihm, den anderen Passagieren und der Flugzeugcrew über mich ergehen lassen. Vaughan zog mich natürlich auf und drohte, mich den ganzen Flug über dort oben einzusperren. „Oder willst du lieber unter meinen Sitz?"

Ich bin frei. In mir.

Grenzenlose Zuversicht

Hier ist ein Beweis für meine Zuversicht: Bei mir im Schrank steht ein Paar Schuhe! Irgendwann könnte der Tag kommen, an dem ich sie trage und damit herumlaufe. Vielleicht erlebe ich es, vielleicht nicht. Aber am wichtigsten ist es, dass ich daran glaube, dass es möglich ist. Weil Gott jedes Leben verändern kann. Mein Leben ist der beste Beweis.

There is HOPE until you give up –
Es gibt immer HOFFNUNG …
solange du nicht aufgibst

Am wichtigsten ist, dass ich daran glaube, dass alles möglich ist. Wenn du dir eine Zukunft erträumen kannst, dann kannst du auch daran glauben. Und wenn du daran glaubst, dann kann sie auch wahr werden!

Geschieht dir recht!

Er hat zwar bisher weder Arme noch Beine bekommen, aber ein anderer Traum ist für Nick wahr geworden: Im Sommer 2011 steht plötzlich ein besonderes neues Foto auf seiner Facebook-Seite. Es zeigt ihn mit einer bildhübschen Frau mit folgendem Text:

THE GREATEST BLESSING

I'VE EVER RECEIVED AFTER LIFE; SALVATION, AND A RELATIONSHIP WITH GOD: INTRODUCING NICK & KANAE ENGAGED!!!

(Das Größte, was mir außer meinem Leben, meiner Erlösung und meiner Beziehung zu Gott geschenkt wurde: Ich habe mich mit Kanae verlobt!)

Und am 12. Februar 2012 ist es dann so weit: Kanae und Nick treten vor den Traualtar.

Was andere Menschen über Nick sagen:

„Surfer sind ohnehin meine Helden, dieser besonders!"
Wolf von Lojewski, Fernseh-Journalist

„Ein großartiges Beispiel für unglaublichen Lebensmut."
Klaus Schwab, Gründer des Weltwirtschaftsforums

„Was dieser Mann alles kann! Als ich ihn zum ersten Mal gesehen habe, sind mir die Tränen gekommen. Er hat gelernt, nie aufzugeben. Nick nutzt einfach alles als Chance – und hilft anderen. Das ist sehr, sehr beeindruckend!"
Cacau, Fußball-Nationalspieler
und DFB-Integrationsbotschafter

„In meinem Beruf habe ich viele so genannte Stars kennengelernt. Nicht viele haben mich wirklich überzeugt. Der Sportfreak Nick Vujicic dagegen ist für mich ein echter Star – eine beeindruckende Persönlichkeit, die anderen Mut macht und Herzen anrührt."

Johannes Seemüller, SWR-Sportmoderator

„Ich bewundere Nick Vujicic, weil er erkannt hat und praktiziert, worum es letztlich geht im Leben: sich selbst und seine Mitmenschen lieben. Diese Botschaft gibt er auf beeindruckende Weise weiter."

Timo Hildebrand, Fußball-Nationalspieler

Nick Vujicics ganze Geschichte findet sich in der Autobiografie „Mein Leben ohne Limits", ein weltweiter Bestseller, 2011 im Brunnen Verlag Gießen erschienen. Dieses Kapitel besteht überwiegend aus wörtlich übernommenen sowie zusammengefassten Passagen aus diesem Buch.

Nicks Zutaten für ein unverschämt gutes Leben

> Die feste Überzeugung, dass das Leben einen Sinn hat

> Hoffnung, die unüberwindbar ist

> Vertrauen in Gott und seine unendlichen Möglichkeiten

> Liebe und Selbstannahme

> eine positive Grundeinstellung

> ein mutiges Wesen

> Bereitschaft zur Veränderung

> ein vertrauensvolles Herz

> Hunger nach Chancen

> die Fähigkeit, Risiken einzuschätzen und über das Leben zu lachen

> den Wunsch, zuerst das Wohl der anderen zu fördern

Und vor allem:

Lebe wie ich –
einfach unverschämt gut!

„Nick ist so was von verrückt. Wenn man ihn sieht, weiß
man: Alles ist möglich."

Bethany Hamilton („Soul Surfer") und
Lance Ho'okano, beide Professional Surfer

„Lebe wie ich –
einfach unverschämt gut",

sagt Nick Vujicic.

Wie er das meint und wie das geht – darum dreht es sich
jetzt im „Personal Trainer".

Personal Trainer für (d)ein unverschämt gutes Leben

Deutsch von Julian Müller

Auf die Reise gehen – mit Nick Vujicic

Ein Leben ohne Plan ist wie eine Reise ohne Karte. Ohne ein Ziel und eine klare Wegbeschreibung kommt man nur sehr selten dort an, wo man eigentlich hinwollte. Damit auch du ein unverschämt gutes Leben haben kannst, möchte ich dich durch die folgenden Fragen und Gedanken mitnehmen. Zeichnen wir gemeinsam die „Karte", die dich an dein Ziel bringt!

Trainingseinheit 1:

Wenn kein Wunder passiert, sei selbst eins!

Der erste wichtige Schritt ist, meinen Lebensinhalt zu bestimmen. Wie ich trotz schwieriger Lebensumstände mein Glück finden und einen Sinn für mein Leben entdecken konnte, habe ich erzählt. Gott inklusive. Vielleicht ist das ja auch eine Option für dich: Wie wär's damit, dir bei der Suche von Gott helfen zu lassen? Als sein Geschöpf bist du unendlich wertvoll und, ja, du kannst einen Beitrag leisten, egal, welchen Herausforderungen du gegenüberstehst.

Du und ich, wir haben eins gemeinsam: Wir haben die Wahl. Entweder wir konzentrieren uns auf unsere Enttäuschungen und Defizite. Dann schlagen wir den Weg der Verbitterung ein, des Zorns, des Selbstmitleids. – Oder wir entschließen uns, aus allem etwas zu lernen und vorwärtszukommen. Damit übernehmen wir Verantwortung für unser Leben und öffnen uns für alles Glück.

Fragen zum Nachdenken

>> Wie ändert sich der Blick aufs Leben, wenn ich meinen Wert als von Gott geschaffener Mensch entdecke? Welche inneren Grenzen fallen damit für mich weg?

»» Warum ist der Entschluss so wichtig, aus seinen Erfahrungen zu lernen und Verantwortung für sein Leben – und damit auch: für sein Glück – zu übernehmen? Was ist das Schädliche daran, gute Träume aufzugeben und sich auf Enttäuschungen und Defizite zu konzentrieren?

»» In „Garbage City", einem der schlimmsten Armutsviertel von Kairo, wo fast 98 % der Einwohner koptische Christen sind, habe ich gesehen, wie Menschen trotz widrigster Umstände nicht nur gerade so überleben, sondern aus allem etwas machen, auf Gott vertrauen, sich auf die Dinge konzentrieren, die sie verstehen und ändern können – und dass sie Freude am Leben haben. Wer oder was ist wohl der Grund dafür?

Schmiede deinen Plan

1. Trotz meiner besonderen Behinderung bin ich der Meinung, mein Leben hat keine Limits. Wie ist es bei dir, mit welchen Herausforderungen hast du zu kämpfen? Welche Limits hast du in deinem Leben gesetzt oder von anderen setzen lassen? Mach dir ruhig eine Liste und denke darüber nach.

2. Beantworte die folgenden Fragen schriftlich: Wie sehe ich mich selbst? Wie sieht Gott mich? Was für einen Beitrag könnte ich trotz aller Widrigkeiten oder persönlichen Schwierigkeiten leisten?

3. Welche Auswirkung würde es auf deine Zukunft haben, wenn du ab sofort davon überzeugt wärst, dass du dein Leben in der Hand hast?

Auf die Plätze, fertig, los!

1. Nimm dir die Liste deiner Herausforderungen – inklusive derer, für die du nichts kannst, und derer, die auch nicht einfach so weggehen werden. Und jetzt schreibe drei konkrete Dinge darunter, mit denen du Eigenverantwortung zeigen, die du für dein Glück und ein gutes Leben tun kannst.

2. Angenommen, du bist wirklich das Produkt eines Gottes, der dich ohne Bedingungen liebt. Welchen zusätzlichen Sinn für dein Leben kann diese Erkenntnis dir geben?

3. Überlege dir drei Möglichkeiten, was du tun kannst, um tatsächlich anzufangen und das „erste Kapitel" deines unverschämt guten Lebens zu schreiben – jetzt! Mit der Entscheidung dafür fängt es nämlich an.

Armlos, beinlos – grenzenlos

Ein wichtiger Schlüssel für ein unverschämt gutes Leben ist, auch in schwierigen Zeiten auf eine gute Zukunft zu hoffen. Ich weiß genau, wie sich Hoffnungslosigkeit anfühlt. Aber ich habe meinen Wert als Mensch entdeckt und möchte dir helfen, dir ein Leben voller Hoffnung zu bauen, damit du Grenzen sprengen kannst.

Wie sich mein Leben letztendlich entwickeln wird, weiß nur Gott. Deswegen hat er dir und mir die Hoffnung geschenkt: als Fenster mit Aussicht. Ein bisschen Gottvertrauen schadet niemandem! Auch wenn schlimme Zeiten kommen, sollte man immer darauf bauen, dass es wieder besser werden wird.

Fragen zum Nachdenken

>> Was ist Hoffnung? Wie kann man die unglaublichen Willenskräfte freisetzen, die in uns Menschen stecken? Welche Rolle kann Gott dabei spielen?

⟫ Wo findet man Hoffnung mitten im Leid? Was treibt Menschen an, die zu Katastrophengebieten reisen, um beim Aufbau mit anzupacken?

⟫ Warum, meinst du, lege ich so viel Wert auf Hoffnung als Katalysator, der uns motiviert, nicht aufzugeben und immer weiterzumachen?

Ohne Arme und ohne Beine
ist nicht halb so schlimm
wie ohne Hoffnung.

Schmiede deinen Plan

1. Welche Rolle spielt Hoffnung in deinem Leben? Wie kannst du deinen Träumen und Zielen nachjagen, ohne ständig an dir zu zweifeln oder angesichts von Hindernissen aufzugeben?

2. Erinnerst du dich: Was habe ich über mich selbst und Gott gelernt, als ich drauf und dran war, mich selbst umzubringen? Warum braucht jeder von uns Leute, denen er sich anvertrauen kann?

Auf die Plätze, fertig, los!

1. Teile ein Blatt in zwei Spalten. Notiere in der ersten Spalte, wie sich Menschen kurzfristige und selbstbezogene Abhilfe schaffen, wenn es ihnen schlecht geht (z. B. sich in die Arbeit stürzen, dauerfernsehen, trinken, mit anderen Drogen dem Alltag entfliehen usw.). Die zweite Spalte fülle mit Quellen der Hoffnung, die ich – und hoffentlich auch du – entdeckt haben (die Fähigkeit zu helfen, einem anderen etwas Gutes tun, nach draußen gehen und das Schöne wahrnehmen, in der Bibel lesen, wie wertvoll du Gott bist, Gottvertrauen, Singen usw.). Was kannst du ab heute tun, um der Hoffnung einen festen Platz in deinem Leben zu geben und sogar andere damit anzustecken? Schreibe drei konkrete Schritte auf, wie du in deinem Umfeld jemandem Mut machen kannst.

2. Triff die nächsten vier Tage bewusst die Entscheidung, hoffnungsvoll zu leben. Glaube fest darauf, dass Gott es gut mit dir meint. Glaube daran, dass sich alles zum Guten entwickeln wird und nimm dir vor, deine Träume nicht preiszugeben, sondern hartnäckig daran zu bauen. Schreibe im Laufe dieser Zeit alle falschen oder negativen Gedanken über dich und deine Situation auf, die immer wiederkehren und dich daran hindern wollen, das Gute zu denken und den Blick auf Lösungen und nicht auf Probleme zu richten.

Wie du aussiehst, was andere über dich denken oder wie viele Freunde du hast, sagt letztlich nichts über deinen Wert aus. Es geht vielmehr darum, sich selbst anzunehmen.

Fester Blick und starkes Herz

Wenn du daran glaubst, dass das Leben unendliche Möglichkeiten bietet, dann bist du schon auf dem Weg, deine Grenzen zu überwinden. Darauf vertrauen zu können, war für mich kein leichter Schritt. Aber mittlerweile gehe ich jeden Tag mutig an und weiß meine Zukunft in Gottes Hand. Übrigens: Es gibt an jedem Tag Situationen, wo Glauben gefragt ist. Du und ich, jeder von uns braucht Vertrauen.

Natürlich kann ich nicht alles beweisen, woran ich glaube. Aber ich bin mir hundertprozentig sicher, dass es besser ist, an etwas zu glauben – und in meinen Augen am besten: daran zu glauben, dass Gott es gut mit mir meint –, als ohne Glauben in der Verzweiflung stecken zu bleiben.

Die Entscheidung liegt bei dir.

Fragen zum Nachdenken

>> Warum ist es wichtig zu erkennen, wo man überall im Alltag Glauben und Vertrauen braucht?

➤➤ In meinem Buch LEBEN OHNE LIMITS und auch hier verwende ich Norman Vincent Peales Ausdruck „Possibilitarist". Was ist ein Possibilitarist? Was macht ihn aus?

➤➤ Warum spielt Geduld eine so große Rolle beim Überwinden von Problemen?

Schmiede deinen Plan

1. Wo brauchst du im Alltag Vertrauen? Überlege dir einige Beispiele. Wie kannst du diese Erkenntnis auf große, manchmal scheinbar sogar unüberwindbare Hindernisse übertragen?

2. Der eine glaubt daran, dass Gott Gutes für sein Leben im Sinn hat. Der andere verlässt sich nicht darauf. Worin unterscheidet sich ihr alltägliches Leben?

3. Warum ist die Erkenntnis wichtig, dass man nicht immer alle Antworten gleich bekommt und auf manche Sachen einfach vertrauen muss?

Auf die Plätze, fertig, los!

1. „Wenn du dein Bestes gibst, um deine Träume und Ziele zu verwirklichen, werden deine Bemühungen auch Früchte tragen." Fällt es dir schwer oder leicht, diesen Satz auf dein Leben anzuwenden? In welchen Situationen und durch welche Personen bist du hierbei ermutigt oder entmutigt worden?

2. Erstelle eine Liste von Menschen, die bereit wären, dir Mut zu machen und dich auf deinem Weg aktiv zu unterstützen. Setze dich mit ihnen in Verbindung. Wenn dir niemand einfällt, wird es höchste Zeit, dich auf die Suche nach Kandidaten zu machen! Und: Denke an einen Menschen in deinem Bekanntenkreis, der etwas Ermutigung gebrauchen kann, und rufe ihn an oder statte ihm einen Besuch ab.

3. Wähle einen Bereich deines Lebens aus und plane konkrete Schritte, wie du dort deinem Traum vom Leben näher kommen kannst. Ein Beispiel von mir: Ich wollte unbedingt auf einem Surfbrett stehen. Und, wie man im Internet sehen kann: Ich hab's getan!

Wichtig: Reagiere positiv, egal welchen Schwierigkeiten du begegnest!

Liebe dein vollkommen unvollkommenes Ich

Sich selbst lieben und annehmen zu können ist unwahrscheinlich wichtig. Leider wird von außen viel Druck auf uns ausgeübt, der schnell zu Verbitterung und Selbsthass führt. Damit du von innen heraus strahlen kannst, solltest du in zwei Richtungen schauen: nach innen, wo deine Kräfte schlummern, und nach oben zu Gott, wo die Quelle aller Liebe und Stärke ist.

Ständig werden wir mit der Botschaft bombardiert, einen bestimmten Lebensstil haben zu müssen, um Erfüllung zu finden, geliebt zu werden und als erfolgreich zu gelten. Lass nicht zu, dass andere deinen Wert bestimmen! Anstatt dich auf deine Macken, Schwächen und Fehler der Vergangenheit zu konzentrieren, richte dein Augenmerk auf deine Fähigkeiten. Womit kannst du etwas bewegen? Hast du ein Talent? Besonderes Wissen? Humor? Weisheit? Bist du kreativ? Kannst du richtig anpacken? Oder gut zuhören?

Fragen zum Nachdenken

➤➤ Was meinst du, warum fiel es mir (und vielen anderen Leuten) so schwer, mich so anzunehmen, wie ich bin? Warum leben wir immer mit dem Gefühl, nicht gut genug zu sein?

➤➤ Welchem besonderen Druck sind Jugendliche und junge Erwachsene ausgesetzt, der sie bis in Depressionen und Suizidgefahr treibt?

➤➤ Was meinst du, wieso war es für mich ein Durchbruch, Gottes bedingungslose Liebe als Basis für meinen Selbstwert und meine Selbstannahme zu entdecken? Was unterscheidet diesen Ansatz von Selbstverliebtheit, Selbstgefälligkeit und Eitelkeit?

Schmiede deinen Plan

1. Warum ist es so wichtig, sich anzunehmen, wie man ist, anstatt sich wegen seiner Macken und Fehler ständig selbst niederzumachen? Und wie kommt man zu einem gesunden und realistischen Selbstbild – mit einem Ja zu sich selbst und einem ehrlichen Umgang mit seinen Schwächen?

2. Was trägt in unserer Kultur dazu bei, dass wir bedingungslose Liebe kaum fassen können und uns selbst so schwer annehmen können? Woher kommt es, dass wir nur darauf schauen, wo wir zu kurz kommen oder verletzt werden – und Ermutigendes und Wertschätzendes nicht richtig wahrnehmen?

Auf die Plätze, fertig, los!

1. Zieh für dein Leben eine Zwischenbilanz. Wann haben andere dich kleingemacht? Wann hast du beim Vergleich mit anderen scheinbar schlechter abgeschnitten? Schreib auf, wie diese Menschen oder Situationen dein Selbstbild beeinflusst haben. Und nun überlege, was dein Selbstbild stärken könnte. Wo fehlt es dir an Selbstvertrauen? Was könntest du dagegen tun, was dir von Gott zusprechen lassen?

Wenn kein Wunder
passiert –
sei selbst eins!

2. Wenn du es genau wissen willst, dann überprüfe einmal in der Bibel (am besten in einer aktuellen Übersetzung wie „Hoffnung für alle"), ob es wirklich stimmt, dass Gott dich ohne Bedingungen liebt und nur das Beste für dich will. Gute Anhaltspunkte findest du in

Johannes 3,16

Römer 8,38-39

Hebräer 4,16

Johannes 10,10

Johannes 1,9 und

Epheser 1,7.

3. Überlege dir, welche Eigenschaft du an dir magst – ein Talent, einen Charakterzug, ein bestimmtes äußerliches Merkmal. Freu dich drüber! Sei dankbar dafür! Und wenn du willst, danke auch Gott dafür.

4. Wie könntest du deine Selbstzweifel überwinden? Wie könntest du lernen, dich selbst anzunehmen? Wo könntest du etwas von dem, was du „hast" oder gut kannst, einsetzen? Versuche, so viele Möglichkeiten wie möglich aufzuschreiben – wie zum Beispiel ehrenamtliches Engagement in einer Suppenküche. Für eine ältere Nachbarin einkaufen. Jemanden, der einsam ist, anrufen oder besuchen. „Einfach so" kostenlos Babysitten bei einem alleinerziehenden Elternteil, das sich keinen Babysitter leisten kann, damit er/sie etwas erledigen kann. Bei „Big Brothers/ Big Sisters" ein Mentor für Kinder sein … Nimm dir vor, in den nächsten Tagen jemandem zu helfen und mit deinen Talenten, deinem Geschick und deiner Persönlichkeit dazu beizutragen, dass sein Schicksal leichter wird!

Alles eine Frage der Einstellung

Ohne eine positive Einstellung werden wir an den Strom-schnellen unseres Lebens scheitern. Jeder von uns sieht die Welt aus seiner eigenen Perspektive, die von seiner Grundeinstellung und dem, woran er im Leben glaubt, ge-prägt ist. Alle Entscheidungen basieren darauf. Wenn du also das Gefühl hast, nicht voranzukommen, dann arbeite an deiner Einstellung!

Für dich und für mich gilt: Was auf uns zukommt, ha-ben wir nicht in der Hand. Das war schon immer so und wird auch so bleiben. Aber wie wir darauf reagieren, das entscheiden wir selbst.

Und manchmal ist es an der Zeit, die eigene Perspektive zu verändern.

Mit der richtigen Einstellung muss kein Hindernis zur Sackgasse werden. Gesunder Optimismus, Zuversicht, der Blick auf das Gute befähigen dich und mich – so eine of-fene Haltung lässt mich erkennen, was „geht", und ein of-fener Blick auf mich und meine Situation verschafft mir Kontrolle über die Emotionen. Pessimismus dagegen schwächt die Willenskraft; dann darf nämlich die jeweili-ge Stimmungslage über das Verhalten bestimmen – keine gute Sache!

Fragen zum Nachdenken

▶▶ Warum ist eine dankbare, eine aktive, eine mitfühlende und eine vergebende Lebenshaltung so effektiv?

▶▶ Welche Einstellungen, welche „Zutaten für ein unverschämt gutes Leben" (you remember!) halte ich für besonders effektiv? Was meinst du, warum?

Schmiede deinen Plan

1. Welche dieser „Zutaten" findest du am hilfreichsten?
Wieso?

2. Welche Haltung, welche Einstellung brauchst du, um
Hindernisse überwinden und deine Träume verwirklichen
zu können?

Auf die Plätze, fertig, los!

1. An welcher Lebenseinstellung musst du besonders arbeiten? Was kannst du heute, hier, ab jetzt dafür tun?

2. Versuche mit konkreten, vielleicht kleinen Schritten Folgendes einzuüben: Dankbarkeit, aktives Handeln, Mitgefühl, Vergebungsbereitschaft. Wie könnte sich Dankbarkeit bei dir ausdrücken? Wo kannst du aktives Handeln einüben? Wo Mitgefühl wahrnehmen und ausdrücken? Wie Vergebungsbereitschaft trainieren?

Halte deine Fortschritte schriftlich fest und arbeite kontinuierlich daran, sie als natürlichen Ausdruck deines Wesens zu integrieren.

3. Schreibe die Namen von allen Menschen auf, denen du noch nicht vergeben hast. Lass zu, dass sich dein Herz verändert. Das kann schnell gehen, aber manchmal dauert es seine Zeit. Wenn du willst, bitte Gott, dir dabei zu helfen. Nimm dir aber auf jeden Fall vor, irgendwann mit ganzem Herzen vergeben zu können. Das ist schon ein starker Anfang!

Gott hat für jeden von uns
etwas Gutes im Sinn.

Armlos, nicht harmlos

In dieser Trainingseinheit liegt mein Augenmerk darauf, sich mutig seinen Ängsten zu stellen und ohne Furcht an die Verwirklichung seiner Träume und Ziele zu machen. In MEIN LEBEN OHNE LIMITS habe ich anhand von Beispielen aus meinem eigenen Leben gezeigt, wie ich meine Ängste von einer Bremse zur Triebfeder umfunktionierte und nicht mehr zulasse, dass sie mein Handeln im Negativen bestimmen.

Ich nehme meine Angst bewusst wahr – und ich sehe die positive Seite daran: Angst ist wie ein Rauchmelder. Wenn der Angstmelder losgeht, sollte man aufmerksam werden und sich umsehen. Ist Gefahr im Verzug oder ist's nur ein Fehlalarm? Gibt es nichts zu befürchten, dann darf man den Rauchmelder – oder die Angst – getrost ausschalten und weitermachen.

Und wenn die Angst übermächtig wird? Bei einer Angststörung ist es gut, sich von einem Profi helfen zu lassen. Sonst gilt: Selbst darauf achten, dass die Angst nicht alles blockiert. Viele Leute lassen sich von der Angst vor Misserfolg außer Gefecht setzen, der Angst vor Fehlern, vor einer Verpflichtung, sogar der Angst vor Erfolg. Natürlich klopft bei jedem einmal die Angst an die Tür. Und als „Warner" ist sie okay. Aber man muss sie ja nicht als Dauergast hereinbitten, oder?

Fragen zum Nachdenken

>> Angst ist eine mächtige Emotion. Auf welche Art und Weise hindert sie mich daran, ich selbst zu sein und meinen Träumen und Zielen nachzujagen?

>> Wenn du mein erstes Buch kennst: Weißt du noch, wie ich meine Angst, vor Leuten zu sprechen, positiv genutzt habe?

Krame in deinem Gedächtnis! Erinnerst du dich an eine Situation, in der die Angst dir klargemacht hat, „Jetzt ist Konzentration gefragt!" und wie dir das geholfen hat, die Sache bewusst und gut anzupacken?

Schmiede deinen Plan

1. Welche Bereiche deines Lebens sind von Angst geprägt? Wo hast du dich bisher nicht getraut, dich deinen Ängsten zu stellen, sondern ihnen das Feld überlassen und dich mit „weniger" zufriedengegeben? Angenommen, Ängste wären für dich kein Thema. Welche Träume würdest du verwirklichen? Warum?

2. Was passiert, wenn deine Ängste dein Verhalten bestimmen dürfen? (Sei ehrlich!) Wie geht es dir damit?

3. Was müsstest du tun, um wie ich deine Ängste als Energie- und Motivationsquelle zu nutzen?

Auf die Plätze, fertig, los!

1. Unterteile ein Blatt Papier in drei Spalten. In der ersten Spalte notierst du Ängste, die du erlebt hast – von deiner frühesten Kindheitserinnerung an. In die zweite Spalte kommen deine Beobachtungen, wie diese Ängste dich beeinflusst haben. Die letzte Spalte fülle mit konkreten Situationen, in denen du deinen Ängsten getrotzt hast. Für die Ängste, die dich auch heute noch beeinflussen, mach dir meine Vorschläge zunutze und überlege, wie man sie positiv nutzen und überwinden kann.

2. Wen in deinem Einflussbereich – Schule, Arbeit, Nachbarschaft, Familie, Freunde – könntest du ermutigen, Ängste hinter sich zu lassen und mit frischem Mut seine Lebensträume und geheimen Ziele anzupacken? Lass diesen Menschen an deinen eigenen Erkenntnissen teilhaben! (Ganz nebenbei wirst du merken, was sich bei dir schon alles getan hat!)

Und falls du für die Kontaktaufnahme Hilfe von oben brauchst – Gott ist nur ein Gebet weit entfernt.

Stehaufmännchen

Jeder von uns versagt ab und zu. Selbst die Besten versagen, und der Rest von uns sowieso. Ich hatte schon als kleines Kind damit zu kämpfen. Gerade deswegen kann ich nur dazu ermutigen, sich seine Fehler einzugestehen, ehrlich dranzubleiben und es neu anzugehen, und immer weiter nach kreativen Lösungen zu suchen, egal, wie oft etwas schiefgeht.

Wer einmal verliert, ist genauso wenig ein Loser wie ein Stürmer, der einen Elfmeter verschießt. Solange du weiterspielst und die Füße bewegst, kannst du immer noch Torschützenkönig werden.

Fragen zum Nachdenken

Was war für dich oder einen Menschen in deiner Umgebung eine große Herausforderung – und kannst du daran erkennen, wie man an Herausforderungen wachsen, stärker werden und dem Erfolg einen Schritt näher kommen kann?

>> Was hältst du von dem folgenden Zitat von Thomas Merton? „Ein demütiger Mensch hat keine Angst vor Misserfolg. Er hat eigentlich vor überhaupt nichts Angst – nicht einmal vor sich selbst. Denn Demut bedeutet grenzenloses Vertrauen auf Gott, vor dem keine andere Macht bestehen kann und für den ‚Hindernis‘ ein Fremdwort ist."

Schmiede deinen Plan

In LEBEN OHNE LIMITS habe ich vier Dinge gezeigt, die man aus Rückschlägen lernen kann:

Rückschläge sind ein guter Lehrer.

Sie bilden Charakter.

Sie motivieren dich.

Sie helfen dir, Erfolg wertzuschätzen.

Wie sieht es aus, wenn du versuchst, das auf deine konkrete Situation anzuwenden? Deckt sich das mit alten oder neuen Erfahrungen von dir?

In LEBEN OHNE LIMITS habe ich von David berichtet, der in der Hochphase seines Geschäftsbereiches Erfolg und in der Tiefphase Misserfolg erlebte – und lernte, auf die jeweils aktuelle Wirtschaftssituation angemessen zu reagieren. Er klammerte sich nicht am Erfolg fest, warf aber auch nicht vorschnell die Flinte ins Korn: Er gewann immer mehr an Geduld und Ausdauer. Und er gewann stets durch Geduld und Ausdauer.

Wie sieht es bei dir mit dem Ausbau von Geduld und Ausdauer aus? Ist bei dir so etwas Ähnliches vielleicht auch notwendig? Inwiefern könnte das deinen Charakter noch stärker herausbringen?

Auf die Plätze, fertig, los!

1. Notiere dir drei oder vier konkrete Ansätze, wie du dich an die Arbeit machen, dranbleiben und deine(n) Traum/Träume verwirklichen kannst. Dann versuche Stück für Stück, deine Erkenntnisse über Rückschläge umzusetzen. Und, bitte, habe Geduld mit dir selbst!

2. Wenn du eine Bibel hast, lies einmal die Geschichte von Josef in 1. Mose 39-41 (wenn du noch keine hast, kannst du solange unter www.bibleserver.de suchen. Übersetzung: „Hoffnung für alle" oder „Gute Nachricht". Aber eine eigene kleine Bibel ist schon gut – du kannst dir wichtige Stellen anstreichen und merken).

Notiere deine Beobachtungen. Womit hatte Josef zu kämpfen? Wie kam sein letztendlicher Aufstieg in eine hohe Machtposition zustande? Wie hängen in dieser Begebenheit Erfolg und Schmerz zusammen?

Sei nicht wütend auf das,
was du nicht hast.
Sei dankbar für das,
was du hast.

Der Neue im Gebüsch

Unser Leben ändert sich ständig. Jeder von uns muss mit Veränderungen fertigwerden, mit freiwilligen und unfreiwilligen.

Auf die Entscheidung meiner Eltern, von Australien in die USA zu ziehen, hatte ich als Kind keinen Einfluss – genauso wenig wie darauf, ohne Arme und Beine geboren zu werden. Beides lag außerhalb meiner Reichweite. Aber ich konnte entscheiden, wie ich mit beidem umgehen wollte. Also akzeptierte ich unseren Umzug und entschloss mich, das Beste draus zu machen.

Trotzdem gab es Momente, in denen ich mich hilflos fühlte. Manchmal wollte ich laut schreien: „Ich will zurück in mein altes Leben!". Ich fürchte, solche Momente gehören einfach dazu. Wenn ich heute daran denke, muss ich darüber schmunzeln, weil ich inzwischen so gern in Kalifornien lebe.

Frustration und Ärger sind ganz normale Emotionen, wenn große Veränderungen anstehen. Lass locker und gib dir etwas Zeit! So kann ein plötzlicher Ruck nicht dein ganzes Gebäude niederreißen. Es ist wie in einer neuen Stadt: Man braucht Zeit, um sich zurechtzufinden, sich zu akklimatisieren und einzugewöhnen.

Damit man positiv auf Veränderungen reagieren kann, muss man sich vorstellen können, was danach Gutes kommen wird. Was Neues entstehen kann.

Dazu braucht man Hoffnung, Gottvertrauen und Vertrauen auf seine Fähigkeiten. Ich habe gemerkt, dass eine positive Veränderung fünf wichtige Stadien durchläuft:

1. Erkenne, dass Veränderung notwendig ist

2. Gib dem Neuen Raum zur Entfaltung

3. Lass los

4. Freunde dich an

5. Entwickle dich weiter

(In LEBEN OHNE LIMITS findest du mehr dazu – wenn du da tiefer graben willst.)

Ganz grundsätzlich: Ich kenne zwei Arten von Veränderungen, die einen aus dem Alltag herausreißen. Die eine geschieht mit einem. Die andere geschieht dann in einem. Die erste kann man nicht steuern, die zweite schon.

Fragen zum Nachdenken

» Mit welchem Stadium, welchen Stadien der Veränderung kannst du dich am meisten identifizieren?

» Was von dem, was ich erzählt habe, ist neu für dich? Was davon könnte dir helfen, gut auf große Veränderungen zu reagieren?

Schmiede deinen Plan

1. Wann hast du dich in einer schwierigen Situation gefangen gefühlt, aber dann entdeckt, dass es dir nur an einer Vision, an Mut oder an einem klaren Blick auf all deine Möglichkeiten fehlte?

2. Nimm dir noch einmal die fünf Stadien einer positiven Veränderung vor. Wende sie auf deine aktuelle Situation an! (Zum Beispiel: „Mir wird klar, dass ich meine Faulheit und/oder Angst überwinden will und mehr unter Leute kommen möchte." Oder: „Es ist an der Zeit, dass ich aufhöre zu jammern und mir einen besseren Job suche.")

Auf die Plätze, fertig, los!

1. Was kannst du von den eben notierten Erkenntnissen sofort praktisch umsetzen? Schreib es auf – und dann los! Lass das Alte hinter dir und mach dich an den Aufstieg!

2. Wie kannst du ab heute Veränderungen positiv entgegenblicken und außerdem selbst dazu beitragen, dass das Leben von anderen Menschen zum Guten beeinflusst wird? Vielleicht ist es lohnenswert, deine Gedanken und Fortschritte in einer Art Tagebuch festzuhalten.

Das „Dream-Team"

Jeder braucht tragfähige Beziehungen. Gleichgesinnte. Dafür benötigst du eine Vertrauensbasis und musst beweisen, dass auf dich Verlass ist. Die meisten Leute handeln nämlich zuerst aus Eigeninteresse. Das ist ganz normal. Wenn du aber Interesse an ihnen zeigst und dich für sie einsetzt, werden sie bald dasselbe für dich tun.

Ich sehe acht wesentliche Grundfähigkeiten für Beziehungspflege:

☺ Stimmungen und Emotionen zu erspüren

☺ Aufmerksam zuzuhören, was der andere sagt und wie er es meint

☺ Nonverbale Signale zu empfangen, zu verarbeiten und darauf zu reagieren

☺ in jedem sozialen Umfeld zurechtzukommen

☺ schnell Verbindungen zu knüpfen

☺ seinen Charme spielen zu lassen

☺ Taktgefühl und Selbstbeherrschung zu haben

☺ aktiven Einsatz für andere zu zeigen

Es ist eine echte Kunst, Menschen zu „lesen". Mit Leuten umzugehen, sich in ihre Lage zu versetzen und ein Gespür dafür zu entwickeln, wem man vertrauen kann und wem nicht, ist eine wichtige Fähigkeit, wenn man gut durchs Leben kommen will. Ich kenne eigentlich keinen, der es zu etwas gebracht hat, ohne sich ein Netzwerk von Freunden und guten Bekannten aufzubauen. Wir alle brauchen nämlich nicht nur die „große Liebe" im Leben, sondern auch Freunde. Wir brauchen Mentoren, Vorbilder und Wegbegleiter, die hinter uns stehen und mit uns an unserem Traum bauen. Was die drei Gruppen unterscheidet?

Ein Mentor ist jemand, der schon dort war oder ist, wo du hinwillst, und sich außerdem Zeit für dich nimmt. Ein Vorbild ist jemand, der auch schon dort war oder ist, wo du hinwillst, aber den du nur wenig oder gar nicht kennst. Bei Wegbegleitern handelt es sich meistens um Gleichaltrige, Kollegen oder solche Leute, die ähnliche Ziele verfolgen wie du.

Fragen zum Nachdenken

▶▶ Warum sind „Sozialkompetenz" und „Soft Skills" so wichtig, wenn man gute Beziehungen mit Vertrauensbasis aufbauen möchte?

▶▶ Was unterscheidet ein Vorbild, einen Mentor und einen Wegbegleiter voneinander, und welche wichtige Funktion erfüllt jeder von ihnen?

(In MEIN LEBEN OHNE LIMITS habe ich das ausführlicher definiert und mit vielen Beispielen beschrieben; du kannst aber auch einmal auf eigene Faust recherchieren!)

Schmiede deinen Plan

1. Welche der acht Grundfähigkeiten für Beziehungspflege setzt du ganz selbstverständlich ein? Welche fällt
dir am schwersten? Warum?

2. Für mich gehört auch der Mut, jemanden um Hilfe
zu bitten, zu den „Soft Skills". Siehst du das auch so? Zeigt
man Schwäche oder Stärke, wenn man um Hilfe bittet?
Warum?

Auf die Plätze, fertig, los!

1. Sich über „Soft Skills" zu informieren, ist leicht. Schwerer ist da schon das Eingeständnis, dass man manche davon nicht wirklich beherrscht. Versuche möglichst genau einzugrenzen, warum du dich scheust, sie weiter auszubauen. Schreibe deine Erkenntnisse auf (z. B. Angst vor Nähe, Angst vor Kritik usw.) – und dann wage den nächsten Schritt. Du wirst sehen, wie viel Gutes das in dein Leben bringt!

2. Fahre deine Antennen aus und lasse dich (nicht zuletzt von Gott) zu einem Menschen leiten, dem du durch eine helfende Hand, ehrlichen Rat, Ermutigung und langfristige Begleitung die Vorzüge einer guten Beziehung zeigen (und dann teilen!) kannst!

Trainingseinheit 10:
Gleiche Chancen für alle

Aufgeben ist keine Option! Selbst in der schwierigsten Lage können sich noch Möglichkeiten auftun. Manchmal erweisen sich schwere Zeiten sogar letztendlich als Segen, weil man dazu gezwungen ist, in seine Zukunft zu investieren: Harte Arbeit, Entschlossenheit und Geduld für den richtigen Augenblick zum „Durchstarten" sind gefragt. In dieser Trainingseinheit möchte ich dir ein paar praktische Prinzipien an die Hand geben, mit denen du die Chancen überprüfen kannst, die sich dir bieten. Damit du dann diejenigen davon auswählen kannst, die dich deinen Zielen und Werten näher bringen.

Wenn sich dir neue Möglichkeiten auftun oder du selbst welche schaffen kannst, solltest du sie immer an deinen Zielmarken abgleichen: Passt das zu meinem großen Ziel? Stimmt das mit meinen Grundwerten überein?

Welche Chancen lohnen sich? Alle, die dich deinem Traum und Ziel näherbringen. Es gibt natürlich auch andere: Vielleicht hast du gestern die Einladung bekommen, mal wieder bis zur Erschöpfung Party zu machen. Oder du hast lieber den ganzen Tag am Rechner gespielt, als dich auf die Prüfung vorzubereiten oder ein Buch zu lesen, das dich weiterbringt. Du entscheidest, welche Qualität dein Leben hat.

Überlege, was du willst. Erarbeite dir Kriterien, nach denen du deine Zeit und Energie investierst. Geh nicht nur danach, was sich gleich gut anfühlt, sondern was dich deinen Zielen näherbringt. Lass deine Werte und Prinzipien ein Wörtchen mitreden. Ich halte mich an die Opa-Nick-Regel: Werden meine Enkel einmal stolz auf diese Entscheidung sein?

Der Glühbirnen-Erfinder Thomas Edison sagte einmal, dass man Chancen oft verpasst, weil sie im Blaumann daherkommen und nach Arbeit aussehen. Arbeite hart für deine Zukunft, verfolge deine Ziele, und warte auf den richtigen Moment zum Absprung! Wenn du das Gefühl hast, nie am Drücker zu sein, mag das daran liegen, dass die Hände noch in den Hosentaschen stecken. Träume verwirklicht man nicht vom Sessel aus. Ran an den Speck! Du hast es in der Hand: Fernbedienung oder Filmstar? Wenn dein Drehbuch noch nicht existiert, musst du es selbst schreiben. Vertrau auf Hilfe von oben. Dein großer Traum kann Wirklichkeit werden! Wer weiß, völlig unerwartet geht dir ein Licht auf und deine Bestimmung wird sichtbar. Du musst nur bereit sein und die Augen offenhalten. Tu, was nötig ist, lerne, was zu lernen ist. Und wenn niemand bei dir anklopft, hab keine Scheu, selbst auf die Suche zu gehen. Irgendwann findest du eine offene Tür.

Fragen zum Nachdenken

≫ „Du musst jeden Faden ergreifen und ein starkes Seil daraus weben." Das ist ein Satz, der für mich sehr wichtig geworden ist. Was hältst du davon? Wieso führt es zu neuen Chancen und Möglichkeiten, wenn man so an das Leben herangeht?

≫ Welche Strategien empfehle ich, um Verzweiflung und Verbitterung zu bekämpfen?

Schmiede deinen Plan

1. Was könntest du heute noch unternehmen, um deine Stolpersteine als Stufen zu nutzen? Wie könntest du mit deinen Möglichkeiten eine positive Dynamik schaffen?

2. Versuche in Zukunft, Chancen und Möglichkeiten durch deine Werte zu filtern: Passt die Gelegenheit, die sich dir bietet, zu deinen Zielen oder eher nicht? So kannst du herausfinden, ob es sich lohnt, eine Chance zu ergreifen, oder ob du damit an deinen Zielen vorbeischießt.

Auf die Plätze, fertig, los!

1. Wofür möchtest du bekannt sein? Was möchtest du in der Welt bewegen? Was soll einmal von dir bleiben, wenn du nicht mehr bist? Schreibe deine Gedanken auf und lies sie regelmäßig, um den Blick auf das große Ganze zu behalten.

2. Notiere auf einem Blatt Papier eins deiner Lebensziele – am besten dasjenige, das in dir immer mehr Raum einnimmt. Was ist dir im Leben am Wichtigsten? Nimm dir vor, in Zukunft deine Chancen dahingehend abzuklopfen, ob sie dich deinem Traum einen Schritt näherbringen werden. Für mich ist übrigens das größte Lebensziel, Gott so gut wie möglich kennenzulernen. Was hältst du davon?

3. Beziehungen pflegen und sein Netzwerk erweitern – und so auch den Boden für neue Chancen bereiten. An welche Tipps aus diesem Buch oder aus MEIN LEBEN OHNE LIMITS erinnerst du dich besonders gut? Wie kannst du einige davon in deiner Situation umsetzen?

Regeln für ein unverschämt gutes Leben

In dieser Trainingseinheit bitte ich dich um Folgendes: Wage mindestens einmal pro Tag, lächerlich auszusehen – entweder bei dem Versuch, deinen Traum zu verwirklichen, oder einfach nur, weil du unverschämt viel Spaß hast. Hab keine Angst vor Risiken! Selbst wenn andere dich als verrückt bezeichnen. Sie wissen nicht, was in dir steckt.

Vergiss nie: Nur wer sich der Gefahr stellt zu versagen, kann gewinnen!

Fragen zum Nachdenken

>> Warum ist es für ein unverschämt gutes Leben wichtig, ausgelassen zu sein, Risiken einzugehen und über sich selbst lachen zu können?

>> Ich habe für mich „Zutaten für ein unverschämt gutes Leben" aufgestellt. Welche sind das, und was hat das Lesen bei dir ausgelöst? (Sei ehrlich!)

>> Wie unterscheidet sich ein wagemutiges Risiko von einem „saublöden" Risiko? Wie bereitet man sich richtig vor, wenn man ein Risiko eingeht?

Schmiede deinen Plan

1. Kennst du das „Eines Tages"-Denken:
Eines Tages habe ich genug Geld, und dann genieße ich das Leben.

❯ Eines Tages werde ich mir mehr Zeit für die Familie nehmen.

❯ Eines Tages werde ich einen Gang runterschalten und tun, was mir Spaß macht.

Wann verfällst du in das „Eines Tages"-Denken?
Inwiefern verschenkst du damit Gelegenheiten zu lachen, zu spielen und unverschämt viel Spaß zu haben?

2. Warum braucht man ab und zu ein gewisses (!) Risiko, um sich lebendig zu fühlen?

3. Welche Aktivitäten fallen dir ein, die ein kalkuliertes Risiko beinhalten und viel Spaß machen? Welche davon würdest du gern ausprobieren? Wieso?

Auf die Plätze, fertig, los!

1. Was kannst du jetzt sofort tun, um dein Leben mehr zu genießen? Wie kannst du heute noch Kraft für die Verwirklichung deiner Träume tanken?

2. Wo könntest du Leute kennenlernen, die „gute" Risiken eingehen und unverschämt viel Spaß haben? (Wie wäre es zum Beispiel mit einem neuen Sport? Einem neuen Hobby?)

3. Plane dir Zeiten ein, in denen du dich völlig in etwas verlieren kannst – beim Schrauben am Auto, bei Gesellschaftsspielen, beim Zeichnen, beim Marathonlaufen, beim Modellbau ... Und fang damit an!

Schenken macht reich

Ich habe in vielen Situationen lernen dürfen, wie wichtig und wie schön es ist, anderen Menschen ganz praktisch zu helfen – auch für einen selbst. In dieser Trainingseinheit möchte ich dich deshalb anspornen, anderen Menschen Mitgefühl zu zeigen. Dich zu engagieren für andere. Egal, ob du viel besitzt oder wenig, ob du ein Multitalent bist oder nur eine Sache gut kannst: Wenn du nur einen Menschen positiv beeinflusst, hast du schon Großes bewegt! Mach dich übrigens darauf gefasst, selbst beschenkt zu werden. Dein Leben wird neuen Sinn bekommen.

Meine Erfahrung ist: Je mehr ich mich auf meine Probleme konzentrierte, desto tiefer wurde der Abgrund in mir. Wenn ich mich aber damit befasste, jemand anderem das Leben zu erleichtern, ging es mir selbst gleich besser. Klasse, oder?

Fragen zum Nachdenken

▶▶ Warum hat einfache, praktische Hilfe so eine Schlagkraft?

▶▶ Von wem kann man auf jeden Fall Unterstützung erwarten, wenn man sich und seine Kraft für andere investiert? Dreimal darfst du raten – und ich sage dir: Es stimmt. Probier's aus!

Schmiede deinen Plan

1. Mach dir deine Fähigkeiten und Talente bewusst. Dann notiere Möglichkeiten, wie du diese ohne große Überwindung einsetzen kannst, um anderen zu helfen (z. B.: Kurzbesuch im Pflegeheim, Mitarbeit in einem Bauprojekt bei Habitat for Humanity, ehrenamtliche Tätigkeit in einer Suppenküche, private Nachbarschaftshilfe usw.).

2. Was spricht dafür, in puncto Liebe für andere Mitmenschen auf Gottes Liebe zu bauen?

Auf die Plätze, fertig, los!

1. Wenn du jetzt ahnst, wie viel eine einzige freundliche Tat bewirken kann: Such dir eine Person aus, der du heute noch helfen kannst. Was auch immer du an Talenten und Fähigkeiten bekommen hast – sei kreativ und lass andere davon profitieren! Fang einfach an, jetzt!

2. Für diejenigen, die auf Gott vertrauen, die an Jesus glauben: Was kannst du tun, um in Zukunft Jesu „Hand und Fuß" zu sein? Wie können durch dich andere von seiner Liebe erfahren?

Und für diejenigen, die Jesus noch nicht persönlich kennengelernt haben: Was wärst du bereit zu tun, um mehr über Jesus herauszufinden? Möchtest du erfahren, was seine Liebe zu dir bedeutet? Was er dir versprochen hat? Was er aus deinem Leben machen möchte? (Wenn ja, hier mein Tipp: Lies zum Beispiel das Johannesevangelium in der Bibel; bitte um ein Gespräch mit einem Pastor in deiner Nähe; suche nach Christen in deiner Nähe, die fröhlich Gottesdienst feiern und offen miteinander über Themen des Lebens reden; mache einen kurzen Workshop, z. B. www.mehrglauben.de oder www.jesusexperiment.de.

Und wenn du mit allen Einheiten durch bist?

Dann schau doch mal, was du vorne überlegt und notiert hast … und freue dich erst mal an dem, was sich seitdem entwickelt hat.

Und mach's wie ich: Bleib dran!

Herzlich, Nick

Notizen

Nick Vujicic

Mein Leben ohne Limits

„Wenn kein Wunder passiert,
sei selbst eins!"

280 Seiten,
mit Farbfotos
7. Auflage
ISBN 978-3-7655-1119-6

Nick, 29: „Ohne Arme und Beine ist nicht halb so schlimm
wie ohne Hoffnung!" Als Junge will er sich das Leben nehmen – heute reist er um die Welt, versprüht Lebensmut
und liefert neue Perspektiven für Probleme des Alltags.
Sein Lachen erobert Herzen, seine Geschichte bewegt
Jung und Alt. Mit der Kraft der Hoffnung und einer extra
Portion Humor erzählt er aus seinem Leben ohne Grenzen.

*Nick Vujicic ist ein Ermutiger – Seite für Seite. Seine Geschich-
te macht Lust, das Leben noch mal ganz neu anzupacken.*
Katrin Faludi, CrossChannel.de

Auch als Hörbuch erhältlich:

Hörbuch: 2 CDs
Gekürzte Fassung
Gesamtspielzeit:
2 Std. 27 Min.
Best.-Nr. 198735

Nick-Bag:

Schultertasche mit Trageriemen
und dem Text:
There is HOPE
until you give up!

Steckfach im Inneren, Organizer,
Material: Tarpaulin (LKW-Plane)
38 x 30 x 10 cm
Bestell-Nr. 492189

Bethany Hamilton; Sheryl Berk;
Rick Bundschuh;

Soul Surfer

Erweiterte Neuausgabe mit
spannenden Infos zum
Kinofilm und zahlreichen
Farbfotos!

232 Seiten, gebunden
ISBN 978-3-7655-1197-4

Seit Bethany Hamilton im Jahr 2003 bei einer Haiattacke
den linken Arm verlor und ihre Geschichte in einem Bestseller veröffentlicht hat, ist viel passiert. Heute ist Bethany
22 Jahre alt. Ihr Leben wurde mit hochkarätigen Stars wie
Helen Hunt und Dennis Quaid fürs Kino verfilmt. Betha-
nys Lebensmut, ihr unermüdliches Gottvertrauen und
ihren Spaß am Surfen will sie auch anderen Menschen ver-
mitteln – am liebsten denen, die vom Leben bisher wenig
Gutes erfahren haben. So hat sie beispielsweise mitgehol-
fen, Kindern aus Tsunamigebieten spielerisch die Furcht
vor dem Meer zu nehmen.

   Bethany Hamilton surft heute für die US-National-
mannschaft und wurde im Februar 2012 von der Verei-
nigung der Profisurfer mit dem Preis als beste und fairste
Surferin mit großem Vorbildcharakter geehrt.